ALLOCUTION

PRONONCÉE À L'OCCASION DU MARIAGE

de Monsieur

PAUL LUCIEN OLMI

RÉDACTEUR A LA PRÉFECTURE DES ALPES-MARITIMES

et de Mademoiselle

J. LAURENCE FELICIE BON

le 14 octobre 1890

EN L'ÉGLISE DE SAINT FRANÇOIS DE PAULE

(Nice)

par M. l'abbé E. HOULONNE

NICE

IMPRIMERIE DU PATRONAGE SAINT-PIERRE

(Œuvre de Don Bosco)

1890

ALLOCUTION

PRONONCÉE À L'OCCASION DU MARIAGE

de Monsieur

PAUL LUCIEN OLMI

RÉDACTEUR A LA PRÉFECTURE DES ALPES-MARITIMES

et de Mademoiselle

J. LAURENCE FELICIE BON

le 14 octobre 1890

EN L'ÉGLISE DE SAINT FRANÇOIS DE PAULE

(Nice)

par M. l'abbé E. HOULONNE

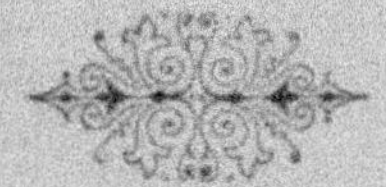

NICE

IMPRIMERIE DU PATRONAGE SAINT-PIERRE

(Œuvre de Don Bosco)

1890

Monsieur,

Mademoiselle,

Le sacrement que vous allez recevoir, est grand en Jésus-Christ et dans l'Eglise. Ce n'est pas seulement un contrat purement civil, qui stipule des avantages réciproques, règle des concessions mutuelles et place les droits respectifs des époux sous la garantie des lois humaines. C'est un engagement sacré comme l'autel, qui en est le dépositaire, et saint comme le Dieu qui le reçoit. C'est une alliance toute sainte, où le Ciel intervient comme témoin, où la bénédiction du ministre appelle celle de Dieu et l'invite à descendre. Cette vérité, hélas ! n'est pas toujours entendue à notre époque où, au point de vue religieux, l'engagement le plus solennel et le plus important de la vie, le lien sacré du mariage a subi une si profonde altération. Et cependant c'est du mariage que sortent les générations humaines comme des ruisseaux de leur source. Selon que cette source sera pure ou corrompue, tous les courants, qui en dérivent, refléchiront sa limpidité ou participeront à sa souillure. Or, qui pourra purifier, sanctifier la source des générations, si ce n'est l'enseignement chrétien ? Quand on pose les assises de la vie entière et qu'on n'en cimente point les bases par la Religion, on se prépare un sombre avenir. Loin de la foi, le cœur se flétrit comme la fleur, sur laquelle ne tombe plus la rosée du ciel, comme la plante, que ne vivifie plus le rayon du soleil.

Elevés l'un et l'autre à l'école de la piété, persuadés que la Religion doit présider à tous les grands actes de la vie et que le plus sûr moyen de rendre vos noces heureuses est d'y inviter Jésus-Christ, vous venez, en présence de Celui qui est la vérité, vous jurer cette foi, que déjà vos cœurs se sont promise, et sanctifier des nœuds, que les plus belles convenances de goût, d'éducation, de sentiments, de principes avaient préparés d'avance.

Au matin d'un beau jour, quand le nautonier met à la voile, il ignore les surprises de la traversée, les agréments qui lui sont réservés ou les dangers dont son frêle esquif est menacé; il ne sait jamais quelle sera la mer à midi, ni quel vent soufflera le soir, et les amis qui lui voient lever l'ancre, se demandent avec anxiété à quels rivages il abordera demain.

Vous aussi, Monsieur, Mademoiselle, vous allez vous embarquer et vous voguerez à pleines voiles sur la mer du monde vers les rives escarpées de la félicité. Toutefois que cette pensée n'échappe point à votre esprit : le bonheur parfait ne saurait être le lot d'une vie, où les jours, les ans même ne tracent qu'un sillon passager, semblable à celui que laisse après lui le vaisseau, qui laboure les mers.

Le bonheur en effet, ne consiste pas à porter ces vains diadèmes, dont l'éclat trompeur cache tant de craintes et de si noirs soucis, ni à s'asseoir sur des trônes, que la main des hommes peut renverser. Le poète (1) l'a chanté avec raison :

(1) Victor Hugo.

Heureux, qui peut, au sein du vallon solitaire,
Naître, vivre et mourir dans le champ paternel ;
 Il ne connaît rien de la terre
 Et ne voit jamais que le ciel ;

Il ne possède pas davantage le bonheur celui, à qui la fortune semble sourire, qui nage dans l'or, qui compte ses troupeaux par milliers, qui voit ses champs s'étendre sans limites, ses greniers regorger de fruits. S'il a plu à la Providence de vous faire naître dans l'opulence, songez que ces trésors ne méritent pas de fixer le cœur de l'homme et que le seul moyen de les conserver toujours, est d'en faire passer, avant vous, le superflu dans le ciel par la main des pauvres. Que de princes de la richesse n'a-t'on pas vus se consumer d'ennui sous les lambris dorés.

Le secret du bonheur n'est pas davantage caché au fond de la coupe des plaisirs. Il le recherche en vain au milieu des fêtes mondaines, l'insensé qui veut jeter quelques fleurs sur l'aride uniformité de cette vie ; ces fleurs, cueillies le matin, sont fanées avant le soir.

Est-il enfin heureux l'homme qui a atteint ce haut degré d'élévation et de gloire, après lequel

ont tendu toutes ses démarches? Sans vous parler
des nuages, qui s'assemblent ordinairement sur
les cimes élevées, laissez-moi vous assurer que le
manteau royal a pesé lourdement sur les épaules
de bien des rois et que bien des conquérants ont
arrosé d'abondantes larmes leur épée victorieuse.

Si donc le bonheur se présente à votre porte,
ne l'introduisez sous votre toit qu'avec cette ré-
serve dont on use quand on reçoit un étranger.

Aimez les richesses, que les voleurs ne peuvent
soustraire, que la rouille ne rongera jamais. Goûtez
la joie que procure une bonne action, le plaisir du
devoir accompli. Poursuivez la gloire de la vertu,
dont rien ne saurait tenir l'éclat. Recherchez les
jouissances d'un cœur pieux et en paix. Voilà l'u-
nique richesse, la vraie gloire, le seul bien du
temps, qui ne passera pas avec le temps.

Faire partout son devoir, n'est-ce pas là le
fil conducteur dans le labyrinthe de la vie, la
ligne d'or, qui nous a été tracée par le doigt de
Dieu? Il est un proverbe, que je ne puis m'em-
pêcher de citer: « Contentement passe richesse, »
dit-on vulgairement, en parlant du bonheur, que

cause la paix d'une bonne conscience; il a son
siège dans le cœur, sa source dans la tranquilité
de l'âme. Qu'on est heureux le soir, quand on
a bien employé sa journée! qu'on sera heureux,
au déclin de la vie, quand, regardant en arrière,
on verra que tous les jours écoulés ont été des
jours pleins pour le ciel!

Vous, Monsieur, vous aimerez votre épouse
comme une compagne, que Dieu vous a choisie;
vous lui servirez de guide, vous l'assisterez de
votre fidèle amitié dans tous les jours heureux
ou malheureux de ce pélérinage, vous serez sa
force et son appui, comme elle sera votre char-
me et votre consolation; et tous ces sentiments,
vous les trouverez naturellement dans votre
cœur, si sensible et si bon, dans le naturel
si heureux et si rare, que le Seigneur vous a
donné, dans ces principes héréditaires dans
votre famille, principes non seulement de déli-
catesse et d'honneur, mais de conscience et de
foi chrétienne. Homme plein d'intelligence, vous
êtes plus grand encore par cette douceur et cette
simplicité qui vous caractérisent. Et ces assistants,
aussi nombreux que distingués, nous disent assez

haut de quelle sympatie vous avez su vous en
tourer. Non seulement vous avez bien mérité de
vos concitoyens, de vos amis, mais vous avez
su aussi bien mériter du Ciel, en gardant dans votre
cœur la sagesse avec la vertu ; c'est pourquoi Dieu
veut vous récompenser aujourd'hui en vous donnant
pour aide celle, qui est digne de s'unir à vous.

Vous, Mademoiselle, vous aimerez votre époux
comme votre soutien ; vous répondrez à ses soins
par vos attentions délicates ; vous partagerez ses
peines, comme il partagera les vôtres ; vous les
adoucirez par ces aimables prévenances, dont vous
avez le secret. Vous lui raccourcirez les moments
de tristesse et saurez lui prolonger les heures de
bonheur. Votre visage s'illuminera toujours de
cette beauté de l'âme, qui ne connait ni ride,
ni tache, en sorte que vous serez la grâce à côté
de la force, la tendresse auprès de l'autorité. Nous
en avons pour garants, et votre éducation, aussi
solide que brillante, et ces sentiments vertueux,
que vous avez puisés, à l'école d'un père aussi
bon qu'intelligent et, si je ne craignais de rouvrir
une blessure encore vive, je dirais, à l'école d'une
mère, tendre autant que vigilante, dont la terre
n'a pas été jugée digne.

Les plantes, dont la variété donne la beauté aux tableaux de la nature, ne s'acclimatent pas toutes sous le même ciel ; les unes demandent le soleil brûlant de l'Afrique, les autres préfèrent les brouillards épais du Nord. Ainsi, la Providence vous a inspiré de quitter votre pays natal (1) afin que vous veniez habiter ces contrées où Dieu faisait croître, dans la vertu comme dans l'âge, celui, qu'il reservait pour votre bonheur ; vérité, aussi honorable que consolante, et que le peuple traduit admirablement dans un naïf langage, lorsqu'il affirme que les mariages sont écrits dans le Ciel.

Aussi, je ne doute pas que votre union n'offre le touchant tableau de ces mœurs anciennes, où l'épouse ne songeait qu'à placer ses plaisirs dans ses devoirs et l'époux qu'à faire le bonheur de son épouse. Vous aurez l'un et l'autre cet avantage, que, pour en trouver le modèle et l'exemple, vous n'aurez pas besoin de le chercher hors de la maison paternelle.

Et maintenant, Monsieur, et Mademoiselle que le Ciel daigne écouter nos ardentes prières et

(1) Barjols (Var)

répandre sur vous ses plus abondantes bénédictions, ses grâces les plus insignes ! Puissiez-vous, toujours unis, couler des jours sans nuages et recevoir les consolations, que vous n'avez cessé d'offrir à vos si honorables Parents. Prions tous ensemble, comme le font des chrétiens à l'heure des grandes choses, prions afin que plus rien désormais ne manque au bonheur de ces jeunes époux, sur cette terre comme dans le Ciel. Ainsi soit-il !

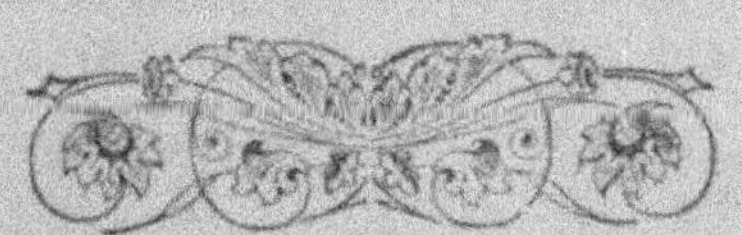

9 782329 265315